Rätselspaß im Gruselschloss

W0005157

Ravensburger Buchverlag

Willkommen im Gruselschloss! Willst du die gruseligen Bewohner des Schlosses kennen lernen? Dann verfolge die Linien und ordne jedem seinen Namen zu.

Hexe Helga hat eine Geburtstagstorte für ihren Mann gebacken. Kannst du die Geheimschrift entschlüsseln? Dann erfährst du, wie alt das Geburtstagskind wird!

Tipp: Die Buchstaben sind um eine Stelle im Alphabet verschoben (A=Z, B=A usw.). Die Umlaute Ä, Ö, Ü werden AE, OE, UE geschrieben.

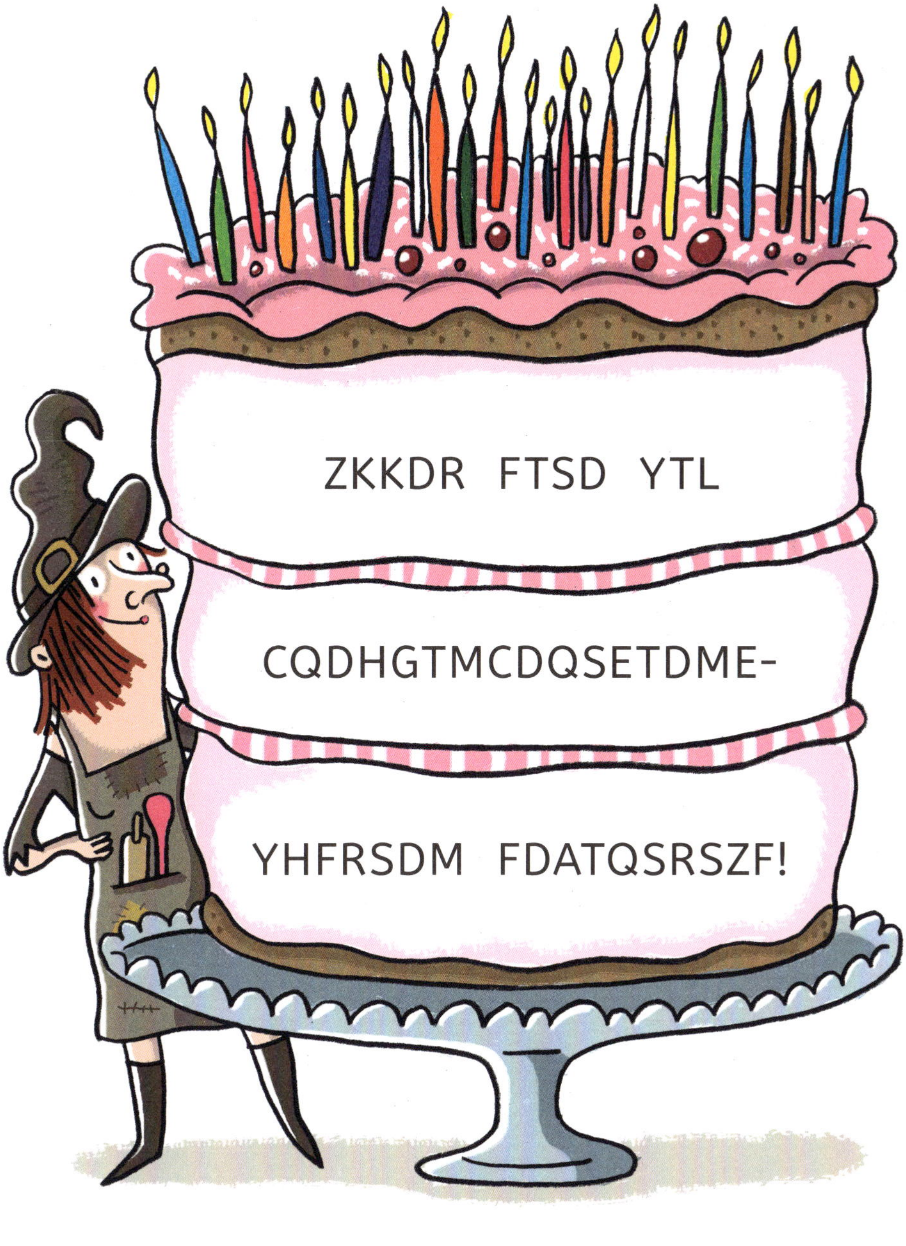

Kapitän Harry Holzauge freut sich schon sehr auf seine Geburtstagsfeier. Bevor die Gäste kommen, muss er noch alle 999 Kerzen im Schloss anzünden. Welche Schattenbilder sehen gleich aus?

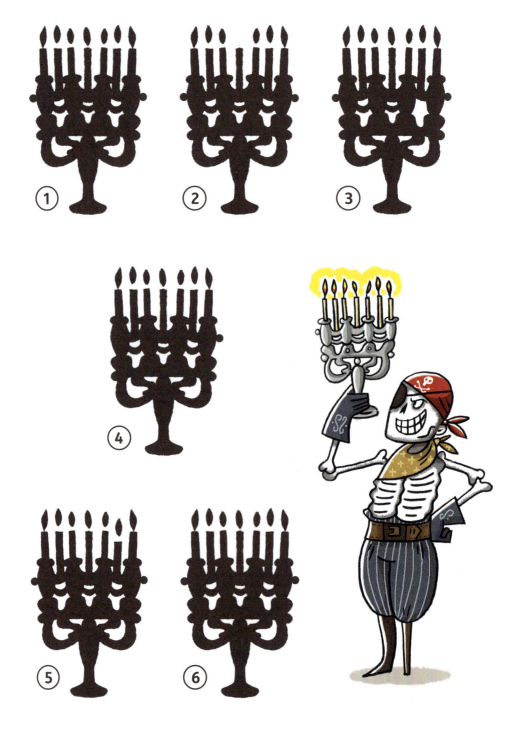

Vampir Vladimir hat als Geburtstagsgeschenk ein Bild von Harry gemalt. Findest du die 11 Unterschiede im unteren Bild?

Was wünscht sich Harry zum Geburtstag? Löse das Rätsel, dann erfährst du es.

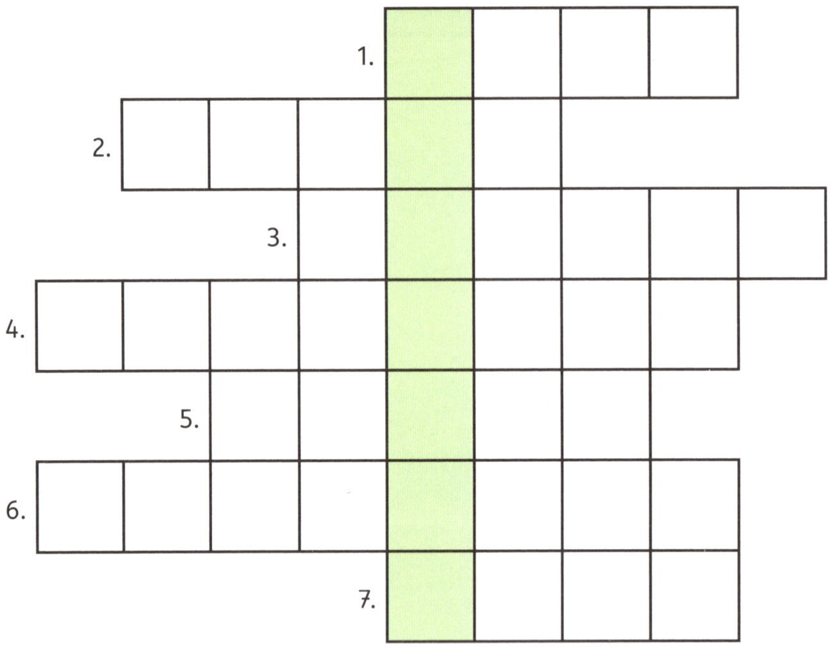

1. kleines Pferd
2. aus dem Fell dieses Tieres macht man Wolle
3. dieses Tier fängt seine Beute in einem Netz
4. langes Tier ohne Beine
5. Tier, das fliegen kann
6. Kriechtier, das sein Haus mit sich trägt
7. Tier mit Stacheln

Das Zimmermädchen Grusilla ist beim Saubermachen eingeschlafen. Wovon träumt sie? Verbinde alle ungeraden Zahlen der Reihe nach, dann siehst du es.

Während Grusilla schläft, hat ihre Fledermaus Lilafee ein ziemliches Durcheinander angerichtet. Welche Feder sieht etwas anders aus als alle anderen?

Hexe Helga ist sehr böse auf Grusilla. Zur Strafe muss sie das ganze Silberbesteck putzen. Das Besteck besteht aus insgesamt 777 Teilen.

1. 398 hat Grusilla schon geputzt. Wie viele muss sie noch putzen?

2. Wie viele Teile bleiben noch für Grusilla, wenn Harry und Vladimir ihr helfen und jeder der beiden 246 putzt?

Vor der Geburtstagsparty nimmt Harry noch ein schönes Schaumbad. Fasse immer 5 Seifenblasen zusammen und rechne dann aus, wie viele es sind.

Vladimir übt nochmal die Streichholztricks, die er den Gästen vorführen will. Aber leider hat er die Lösung vergessen. Hilfst du ihm?
Verschiebe jeweils ein einziges Streichholz, damit die Gleichung stimmt.

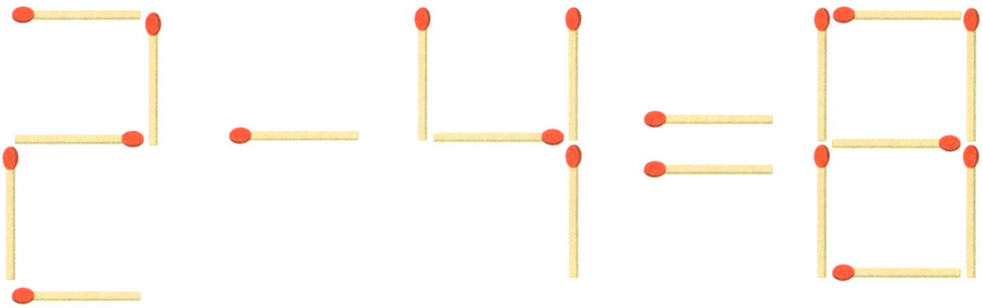

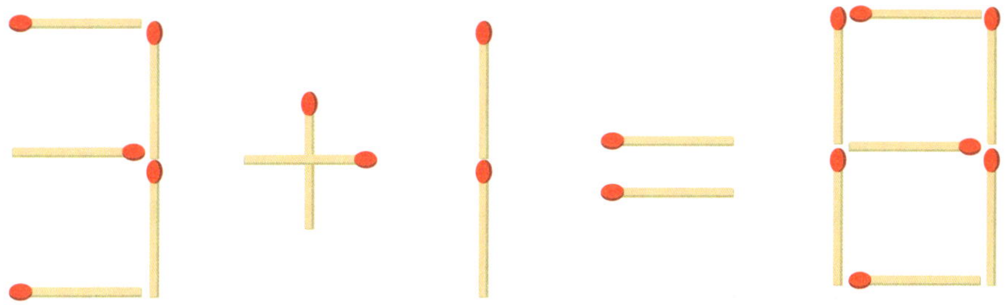

Hexe Helga hat beim Fegen ganz schön Staub aufgewirbelt.
Welche beiden Staubwolken sehen genau gleich aus?

Grusilla erholt sich bei einem Sudoku von dem anstrengenden Silberputzen. Ergänze die leeren Sudoku-Felder so, dass in jeder Zeile, in jeder Spalte und in jedem kleinen Quadrat jede Ziffer von 1-9 genau einmal vorkommt.

			7	6	5			2
	7	9	2		3	5	6	
	6	5		9		7	3	
7	4	8		1		6	2	3
1	5		8		2		4	7
3	9	2		7		1	8	5
	8	1		2		4	7	
	2	7	4		1	3	5	
			9	5	7			8

Harrys Schwester Hermelinde und Werwolf Rolf, ihr Ehemann, reisen zur Geburtstagsfeier an. Kannst du ihnen den richtigen Weg zum Gruselschloss zeigen?

Vladimir hat noch ein paar Girlanden als Partydekoration gebastelt. Kannst du die Zahlenreihen fortsetzen?

Die Party geht los, alle setzen sich an den reich gedeckten Geburtstagstisch. Findest du heraus, wo Helga, Grusilla, Vladimir, Rolf und Hermelinde sitzen?

Rolf sitzt auf einem Stuhl ohne Lehne.

Rechts von Grusilla sitzt
das Geburtstagskind.

Vladimir sitzt nicht
gegenüber von Harry.

Hermelinde sitzt
zwischen Helga
und Rolf.

Harry darf erst mal seine Geschenke auspacken. Was bekommt er von Rolf? Streiche jeden 2. Buchstaben, dann erfährst du es.

Von Frau Helga bekommt Harry den Papagei, den er sich so sehr gewünscht hat. Er heißt Polly und kann viele tolle Sachen. Bilde aus den Buchstaben zwischen den Gitterstäben Wörter, dann erfährst du, was Polly alles kann.

Tipp: Der Anfangsbuchstabe ist jeweils rot markiert.

Werwolf Rolf hat für Harry ein Geburtstagsgedicht geschrieben. Leider kann er sich an einige Reimwörter nicht mehr erinnern. Kannst du ihm helfen?

Ihr Leute, was ich euch allen sagen mag,
der Harry, der hat heute _ _ _ _ _ _ _ _ _ _ _.
Deswegen wollen wir ihn feiern,
aber nicht mit faulen _ _ _ _ _.
Geschenke gibt es und von Helga einen Kuchen,
den müsste ihr alle unbedingt _ _ _ _ _ _ _ _ _ _.
Der Harry zählt nun 350 Jahre,
und hat auch nicht mehr viele _ _ _ _ _.
Den Säbel schwingt er aber ganz toll,
wer ihm begegnet, hat die Hosen _ _ _ _.
In den Weltmeeren ist er zu Haus,
und hat schon viele Schiffe versenkt mit Mann und _ _ _ _.
Aber jetzt werde ich das reimen lassen,
ich gratuliere dir Harry, und nun hoch die _ _ _ _ _ _ _!

Zum Nachtisch gibt es Krötenschleimpudding, Glupschaugen-Törtchen, Grunzkäfer-Spießchen und kandierte Schrumpelfeigen. Wie viele Teller mit jeweils zwei unterschiedlichen Nachspeisen kann Hermelinde zusammenstellen? Male die verschiedenen Kombinationsmöglichkeiten auf die Teller. Wie viele Teller bleiben leer?

Was steht nach dem Geburtstagsessen auf dem Programm?
Löse das Bilderrätsel, dann erfährst du es.

1., 2. und 3. Buchstabe

1

7. und 8. Buchstabe

2

3. Buchstabe

5

5. und 6. Buchstabe

3

6

1. und 3. Buchstabe

3. und 4. Buchstabe

4

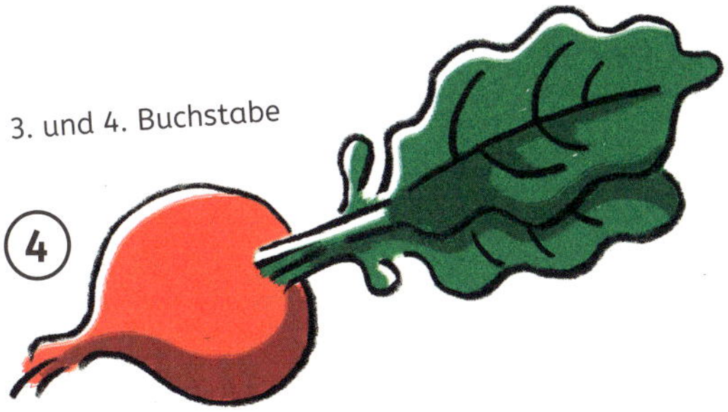

Lösung: _ _ _ _ _ _ _ _ _ _ _ _ _

Alle Geburtstagsgäste haben viel Spaß beim Tanzen. Findest du die 5 Bildausschnitte, die zu dem großen Bild passen?

1

2

3

4

5

6

7

8

Nach der Disco spielt Harry mit seinen Gästen „Ich packe meinen Koffer“. Harry ist an der Reihe, er kann sich aber nicht mehr an alle Dinge erinnern, die bereits eingepackt wurden. Hilfst du ihm dabei? Finde die 10 Wörter im Buchstabengitter.

W	E	H	F	K	S	T	U	H	L
L	T	C	R	B	I	P	Q	S	V
M	E	L	O	N	E	D	J	A	T
Z	P	I	S	M	B	R	Y	H	B
K	P	W	C	S	C	M	B	G	R
E	I	F	H	Z	N	W	E	J	I
A	C	N	J	P	I	N	S	E	L
T	H	B	M	K	S	A	E	D	L
J	Y	D	W	P	F	A	N	N	E
Z	P	L	G	I	X	C	V	B	M

Als nächstes spielen alle zusammen Hufeisenwerfen. Hexe Helga ist die beste Werferin. Finde alle Hufeisen, dann weißt du, wie oft sie getroffen hat.

Es ist schon fast wieder Morgen, als die letzten Gäste nach Hause gehen. Was sagen sie zum Abschied? Streiche jeden 2. Buchstaben.

Das war ein tolles Fest! Vor dem Einschlafen macht Harry noch ein Sudoku. Hilfst du ihm dabei, damit er schneller schlafen kann? Ergänze die leeren Sudoku-Felder so, dass in jeder Zeile, in jeder Spalte und in jedem kleinen Quadrat jede Ziffer von 1-9 genau einmal vorkommt.

	1	9	7		5		4	6
8		4	6		9	5	3	1
	3		1	4	8		9	
	2	8		1		3	6	
1			8		6			7
	4	6		7		1	8	
	8		9	6	3		7	
4	6	7	2		1	9		3
	9		4		7	6	1	

Vladimir schläft nach der Party tief und fest und hört daher den Wecker nicht.
Kannst du die Reihen fortsetzen? Die späteste Uhrzeit zeigt dir, wann Vladimir endlich aufsteht.

1	11:20	11:35	11:50	12:05	12:20		
2	10:55	11:25	11:20	11:50	11:45		
3	14:30	14:05	13:40	13:15	12:50		
4	12:05	11:45	12:30	12:10	12:55		

Hexe Helga ist schon wieder früh auf den Beinen, um aufzuräumen. Rechne die Aufgaben aus. Das höchste Ergebnis verrät dir, welchen Aufräumzauber sie sprechen muss.

A) 47 + 236 + 199 − 78 − 127 + 83 = ___

B) 555 − 112 − 45 + 51 + 32 − 96 = ___

C) 13 + 467 − 289 + 317 + 43 − 187 = ___

A)
Zick-zack, tick-tack, flick-flack, aufgeräumt ist Sack und Pack!
B)
Pi, Pa, Putzefix, alles Schmutz ist weg wie nix!
C)
Hustensaft und Hexenbesen, blitzeblank sei alles, als wär nix gewesen!

Grusilla ist auch schon fleißig und wäscht das Geschirr ab. Dabei ist ihr allerdings schon etwas zu Bruch gegangen. Sie will die Teile schnell wieder zusammenkleben, bevor es Helga merkt. Welche Tellerhälfte passt zum linken Bild?

Helga hat Harry in den Keller geschickt, er soll dort Kartoffeln fürs Mittagessen holen. Die Kellertreppe ist schon ziemlich morsch. Nur die Treppenstufen mit Zahlen, die durch 6 oder 7 teilbar sind, sind sicher. Welche Treppenstufen darf er betreten?

Was sitzt da im dunklen Keller? Verbinde die Vielfachen von 3 der Reihe nach, dann erfährst du es.

Was für eine Suppe will Hexe Helga kochen? Löse das Kreuzworträtsel. Das Lösungswort verrät es dir.

1. Weibliche Figur in Märchen, die zaubern kann
2. Gegenteil von schön
3. Anderes Wort für schlau
4. Fabelwesen, das Feuer spuckt
5. Anderes Wort für Geist
6. Geisterstunde
7. Harry Holzbein ist ein ...

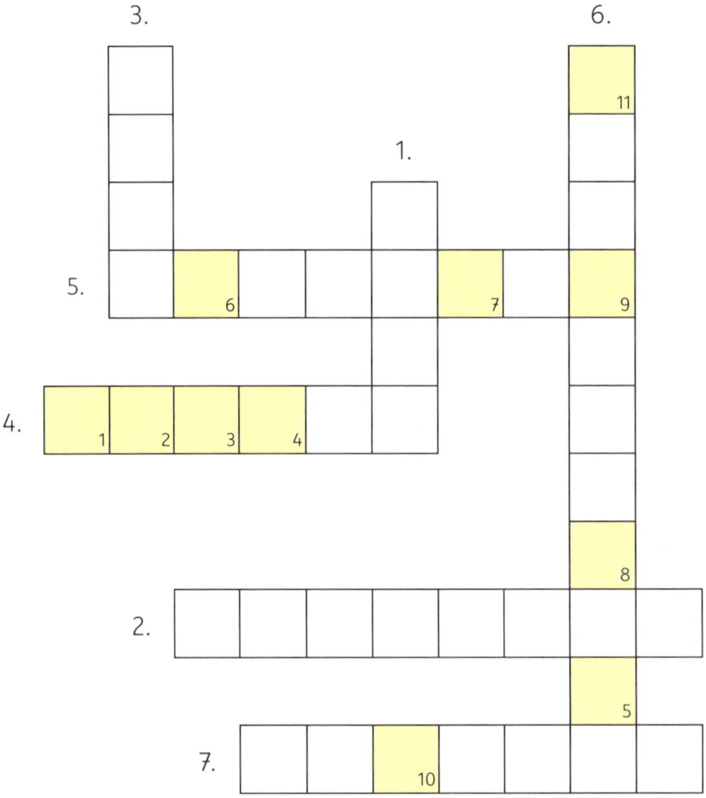

Lösung:

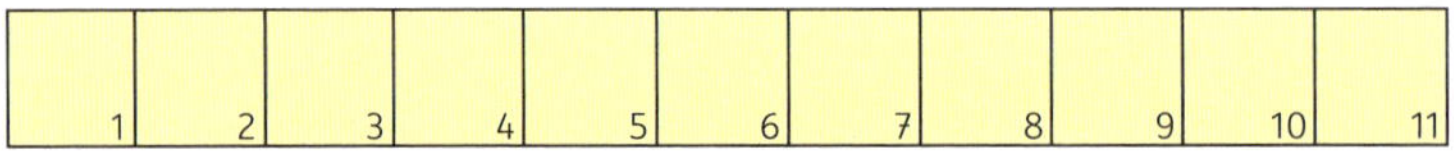

- SUPPE

Nachdem sie von Helgas Zaubersüppchen gegessen haben, speien alle Feuer, wenn sie den Mund aufmachen. Welche beiden Schattenbilder vom feuerspuckenden Rolf sehen genau gleich aus?

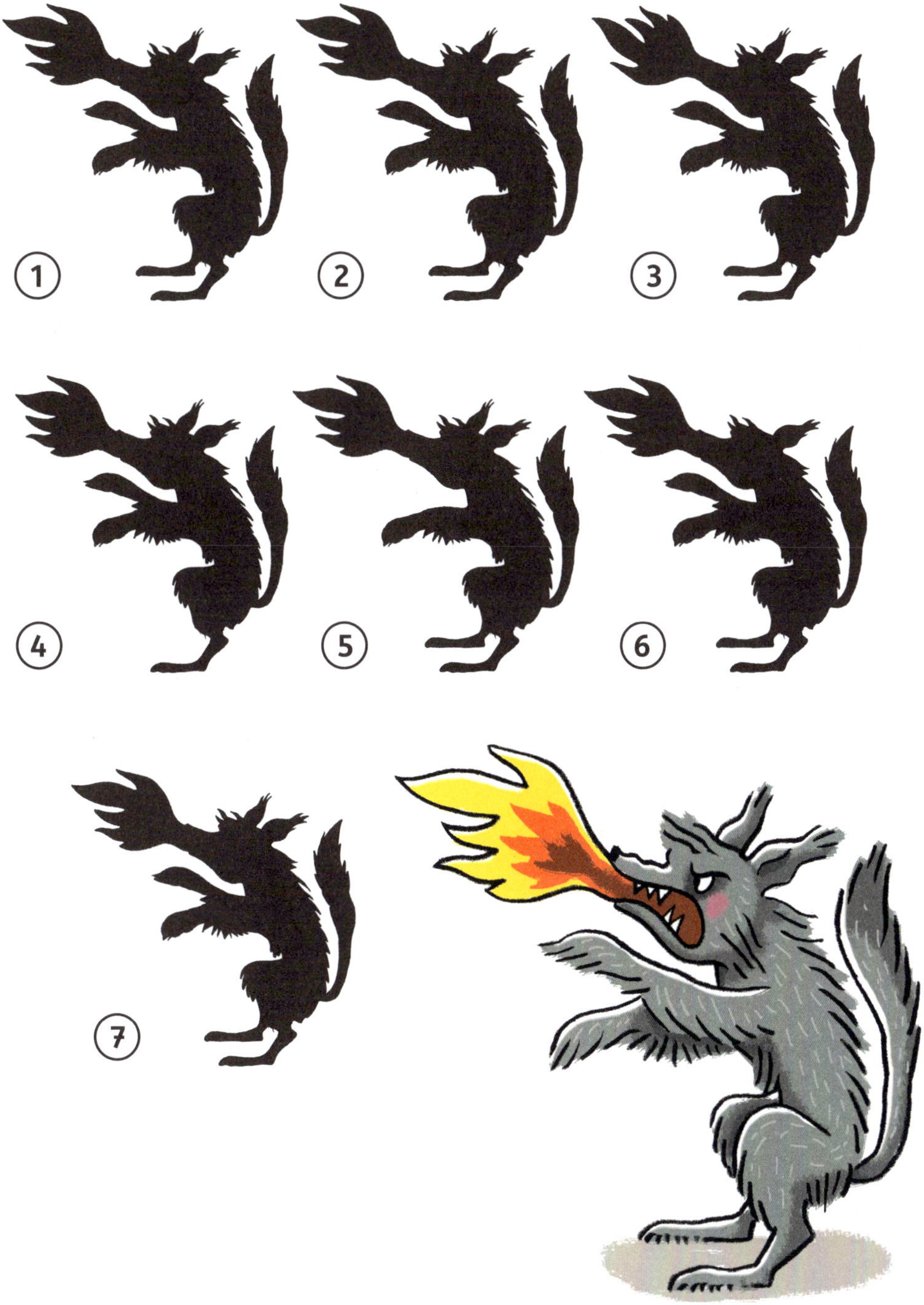

Fledermaus Lilafee wollte auch von Helgas Suppe naschen und ist dabei in den Topf gefallen. Grusilla hat sie deshalb zum Trocknen aufgehängt. Findest du die 10 Fehler im unteren Bild?

Vladimir mag keine Suppe. Er isst am liebsten rote Gummibärchen.

1. Fasse immer 6 Gummibärchen zusammen und rechne aus, wie viele es sind.
2. Wie viele Gummibärchen bekommt jeder, wenn Vladimir sie mit Grusilla und Rolf teilt?

Der Winter steht vor der Tür, deshalb strickt Hermelinde einen schönen warmen Schal als Weihnachtsgeschenk. Aber die Wollknäuel haben sich verheddert. Welcher Wollknäuel gehört zu welchem Faden?

Rolf darf Hermelinde beim Stricken nicht stören. Deswegen beschäftigt er sich derweil mit einem Sudoku. Ergänze die leeren Sudoku-Felder so, dass in jeder Zeile, in jeder Spalte und in jedem kleinen Quadrat jede Ziffer von 1-9 genau einmal vorkommt.

	1	9	7		5		4	6
8		4	6		9	5	3	1
	3		1	4	8		9	
	2	8		1		3	6	
1			8		6			7
	4	6		7		1	8	
	8		9	6	3		7	
4	6	7	2		1	9		3
	9		4		7	6	1	

Im Wohnzimmer hat eine riesige Spinne ihr Netz gesponnen! Ein armer kleiner Käfer hat sich in dem Netz verfangen. Hilfst du ihm, sich daraus zu befreien? Tipp: Um die Spinne nicht zu wecken, darf der Käfer nur die Fäden mit Zahlen betreten, die durch 8 oder 9 teilbar sind.

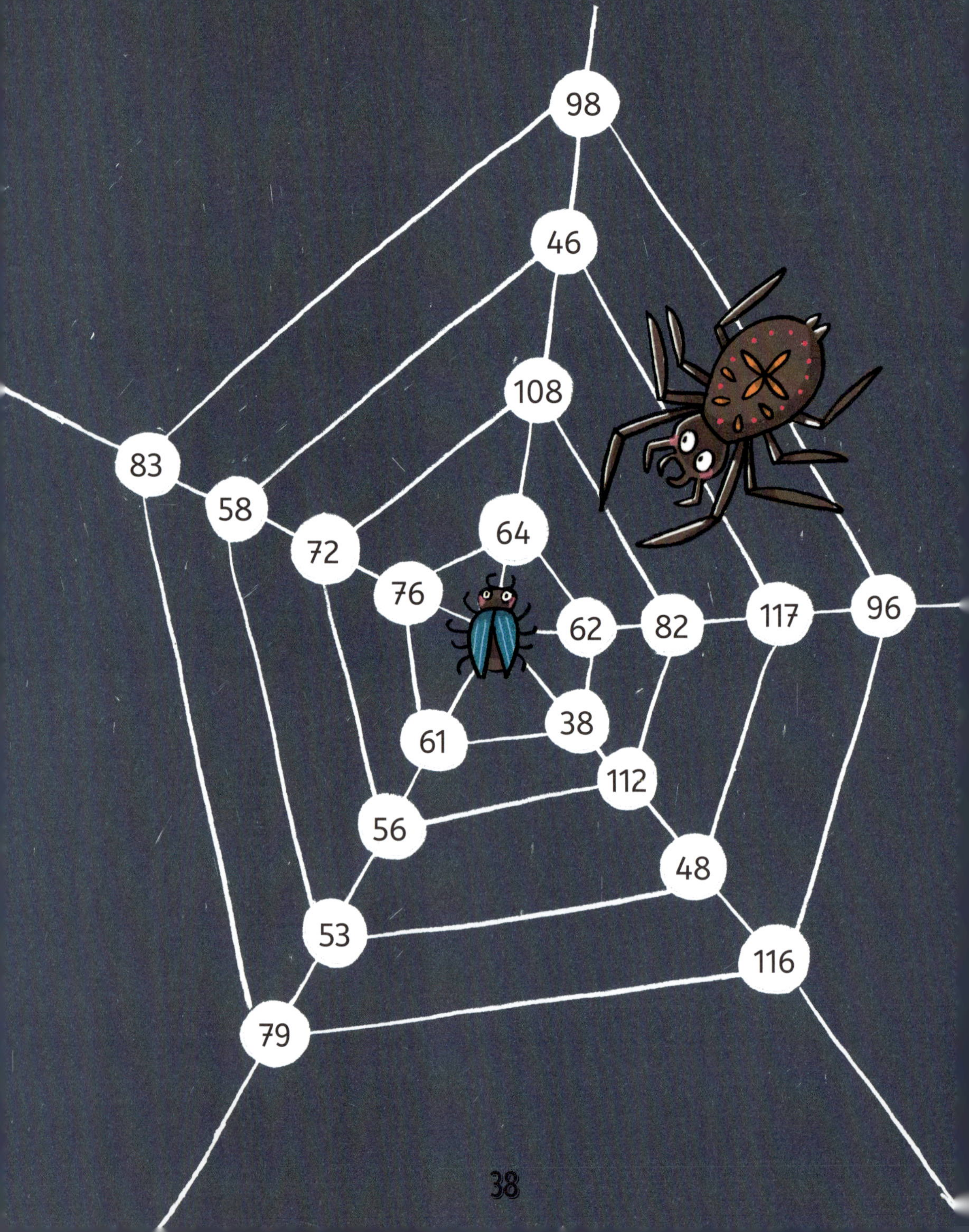

Grusilla soll alle Spinnweben im Gruselschloss entfernen.

1. Im Gruselschloss gibt es insgesamt 11544 Spinnennetze. Grusilla schafft es, pro Stunde 888 Spinnennetze zu entfernen. Wie lange braucht sie, bis alle Spinnennetze weg sind?

2. Wie viele Minuten ist sie mit dieser Aufgabe beschäftigt?

3. Im Gruselschloss wohnen insgesamt 74 Spinnen. Jede Spinne braucht für ein Netz 12 Stunden. Wie viele Stunden brauchen die Spinnen, um wieder 11544 Spinnennetze neu zu spinnen?

Im Gruselschloss leben auch Zaubertrolle. Diese Wesen haben magische Fähigkeiten. Wie heißen sie? Wie alt sind sie? Und welche Zauberkräfte besitzen sie? Vervollständige die Tabelle mit den richtigen Angaben. Welcher Troll kann auf einem Bein hüpfen?

Der 777 Jahre alte Troll befindet sich links neben dem 911-jährigen.

Links neben Winki steht Kucki, auf der anderen Seite Nupsi.

Der Troll, der mit Tieren sprechen kann, ist 801-jährig.

Der zweitälteste Troll kann sich nicht unsichtbar machen.

Pucki ist nicht 801. Er steht nicht neben dem jüngsten Troll.

Der 878-jährige Troll steht neben dem Meister im Kopfrechnen.

Der älteste und der jüngste Troll befinden sich nicht am Rand.

Name				
Alter				
Zauberkraft				

Kucki sucht Winki, die sich unsichtbar gemacht hat. Aber ihre Fußabdrücke sind zu sehen. Findest du die beiden Fußabdrücke, die genau gleich aussehen?

Nupsi ist der Meister im Kopfrechnen. Keiner rechnet so schnell wie er. Kannst du auch so schnell rechnen? Vervollständige die Rechenpyramide, indem du jeweils die beiden nebeneinanderstehenden Zahlen addierst.

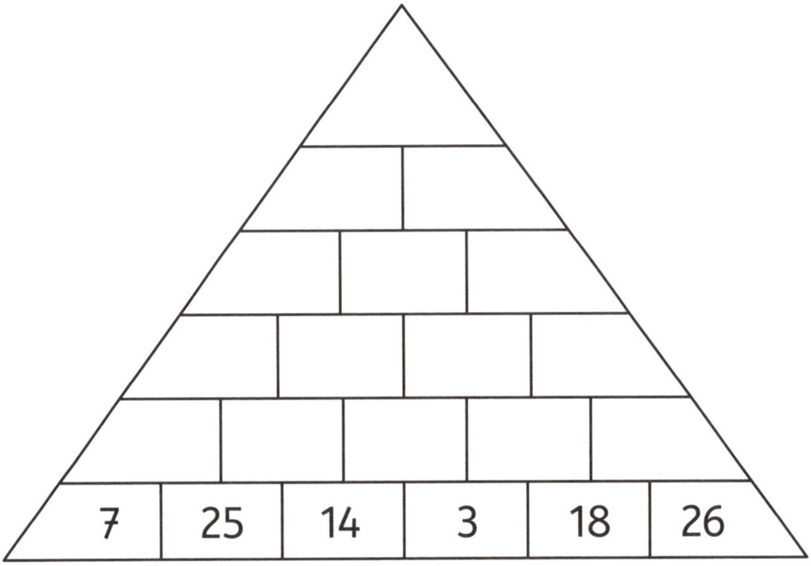

Kucki unterhält sich mit Lilafee. Verstehst du auch fledermausisch? Streiche die Buchstaben F und S, dann erfährst du, worüber sich Lilafee beklagt.

Tipp: Wenn sich die Buchstaben F oder S wiederholen, müssen sie einmal stehen bleiben.

FIcfhs ksanfn nficshst sschflaffesn, wfesisl FGsrfussilflas nascfhtss fimsmsefr sschfnsarfchst.

Werwolf Rolf hat große Angst vor Gewitter. Findest du alle Blitze, die sich hier versteckt haben?

Vladimir versucht, Rolf mit einem seiner Streichholztricks von dem Gewitter abzulenken. Verschiebe jeweils ein einziges Streichholz, damit das Rätsel stimmt.

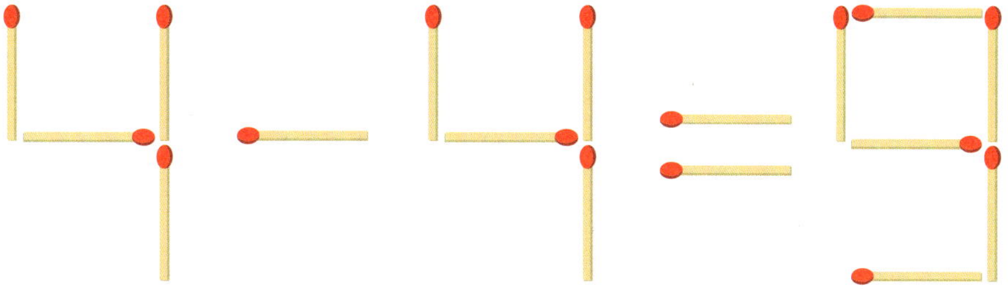

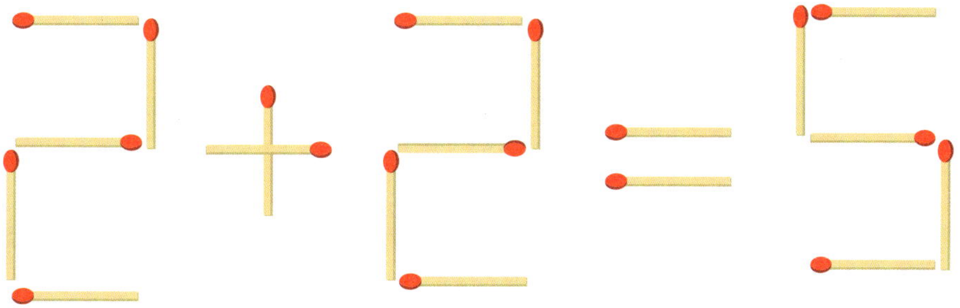

Hexe Helga hat ihr Zauberbuch verlegt. Wo steckt es bloß?
Löse das Bilderrätsel, dann erfährst du es.

Lösung: _ _   _ _ _ _ _ _ _ _ _ _ _

Grusilla sucht ihre Fledermaus Lilafee. Ersetze die Symbole durch die richtigen Zahlen und rechne die Aufgaben aus. Zähle dann alle Ergebniszahlen zusammen. Dann erfährst du, wo sich Lilafee versteckt hat.

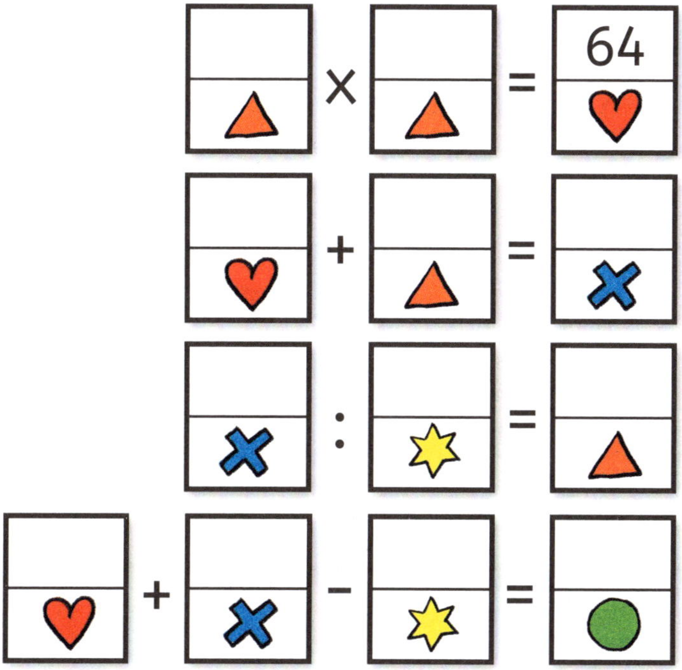

270 = unter dem Teppich
271 = In der Waschmaschine
272 = in der Klospülung

Helga hat nicht bemerkt, dass Lilafee in der Waschmaschine steckt und sie aus Versehen mitgewaschen. Jetzt ist Lilafee ziemlich schwindlig und sie sieht lauter bunte Sterne. Welche beiden Sterne sehen genau gleich aus?

Vladimir isst nur rote Lebensmittel. Findest du alle Lebensmittel, die sich im Buchstabengitter versteckt haben? Welche davon kommen nicht in roter Farbe vor?

W	E	R	T	Z	U	P	I	O	V	C
E	R	V	Y	K	M	T	Z	B	A	U
P	A	P	R	I	K	A	V	W	P	J
U	D	B	N	W	H	O	Y	E	F	H
X	I	S	K	I	R	S	C	H	E	G
A	E	W	H	Z	C	P	W	S	L	X
F	S	Y	T	O	M	A	T	E	F	G
Z	C	J	M	X	N	R	B	A	Y	U
F	H	O	F	T	V	G	U	J	O	R
G	E	R	D	B	E	E	R	E	W	K
S	N	U	X	E	B	L	Z	I	V	E

Es ist Vollmond. Hexe Helga macht einen kleinen nächtlichen Ausflug auf ihrem Hexenbesen. Findest du das richtige Schattenbild?

Harry Holzauge löst gern Sudokus, sein Papagei Polly hilft ihm dabei. Ergänze die leeren Sudoku-Felder so, dass in jeder Zeile, in jeder Spalte und in jedem kleinen Quadrat jede Ziffer von 1-9 genau einmal vorkommt.

	8	1	4		6	5	7	
5			3		1			8
3			8	7	5			2
4	2	5		8		9	3	1
		9	5		3	7		
1	7	3		4		8	5	6
6			1	3	9			7
7			2		8			9
	1	2	7		4	3	8	

Werwolf Rolf war nachts im Wald spazieren. Aber das Licht in seiner Laterne ist ausgegangen, jetzt findet er den Weg zurück zum Gruselschloss nicht mehr. Hilfst du ihm? Der Weg mit dem niedrigsten Ergebnis bringt ihn am schnellsten nach Hause!

Im Gruselschloss ist es sehr kalt und es gibt kein Holz mehr für den Kamin. Vladimir, Grusilla, Harry Holzbein und Werwolf Rolf würfeln darum, wer von ihnen Holz hacken gehen muss. Wer die niedrigste Punktzahl hat, verliert. Rechne aus!

Vladimir: 

Grusilla: 

Harry Holzbein: 

Werwolf Rolf: 

Grusilla muss nun Holz hacken.

1. Für den großen Kamin brauchen sie pro Tag 18 Holzscheite. Wie viele Holzscheite muss Grusilla hacken, damit es für eine ganze Woche reicht?

2. Hexe Helga hat in ihrer Glaskugel gesehen, dass es ein langer Winter wird: 4 x 6 Wochen wird er dauern. Wie viel Holz muss Grusilla hacken, damit für jeden Tag genügend Feuerholz da ist?

Grusilla hat sich beim Holzhacken auf den Daumen gehauen. Vladimir will ihr helfen, aber vor Aufregung spricht er nur unverständliches Zeug. Was kann Grusilla helfen?
Wenn du pro Buchstabe immer zwei Buchstaben im Abc vorwärtsgehst, erfährst du es (Y = A, Z =B, A = C, B = D usw.).

Hexe Helga sucht eine Alraunwurzel für den Zaubertrank. Doch welche ist die richtige? Finde die Wurzel, die etwas anders aussieht als die anderen.

Bald ist Weihnachten! Vladimir vertreibt sich die Zeit bis dahin mit einem Sudoku. Ergänze die leeren Sudoku-Felder so, dass in jeder Zeile, in jeder Spalte und in jedem kleinen Quadrat jede Ziffer von 1-9 genau einmal vorkommt.

	3	7	5		6	9	8	
9			8		3			7
6		5	1		9	2		3
7	6	8				1	3	9
2	5	9				8	6	4
8		6	3		4	7		5
1			2		5			6
	4	2	6		7	3	1	

Endlich ist Weihnachten! Harry, Helga, Grusilla, Vladimir, Rolf und Hermelinde schenken je einem der anderen einen Gegenstand. Lies den Text und kreuze richtig an, wer wem welchen Gegenstand schenkt.

1. Rolf hat nichts zum Anziehen bekommen.
2. Helga hat entweder Harry oder Rolf beschenkt.
3. Vladimir hat keine Taschenlampe verschenkt.
4. Grusilla hat keinen Schal bekommen und das Geschenk war nicht von Hermelinde.
5. Harry wurde nicht von Helga beschenkt.

	Schal	Bild	Taschen-lampe	Grusilla	Harry	Rolf
Helga						
Vladimir						
Hermelinde						

Vladimirs Onkel hat alle über die Weihnachtsfeiertage zu sich eingeladen. Wie heißt Vladimirs Onkel? Löse das Kreuzworträtsel, dann erfährst du es.

1. So nennt man einen sehr großen Menschen
2. Frösche können weit ...
3. Kleines Nagetier
4. Wochentag, der vor Samstag kommt
5. Kerzen sind aus ...
6. Anderes Wort für Einfall
7. Gegenteil von teuer
8. Darauf kann man im Park sitzen

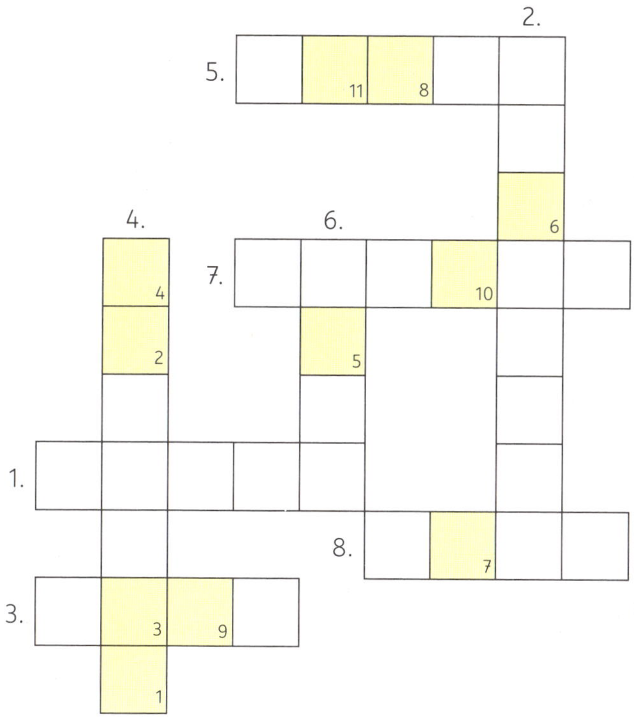

Lösung:

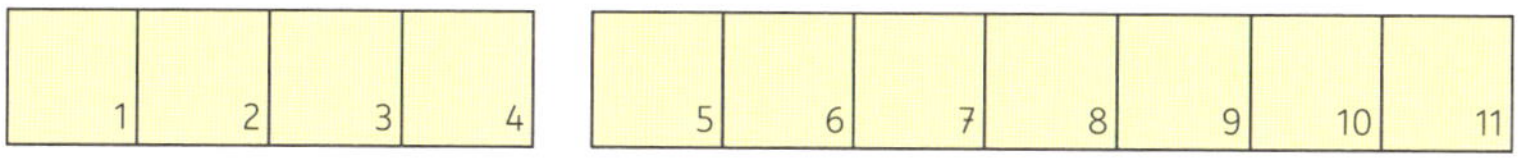

Und los geht die Reise zu Vladimirs Onkel. Auf Wiedersehen, Gruselschloss! Welche der unten abgebildeten Bildausschnitte passt zu dem großen Bild?

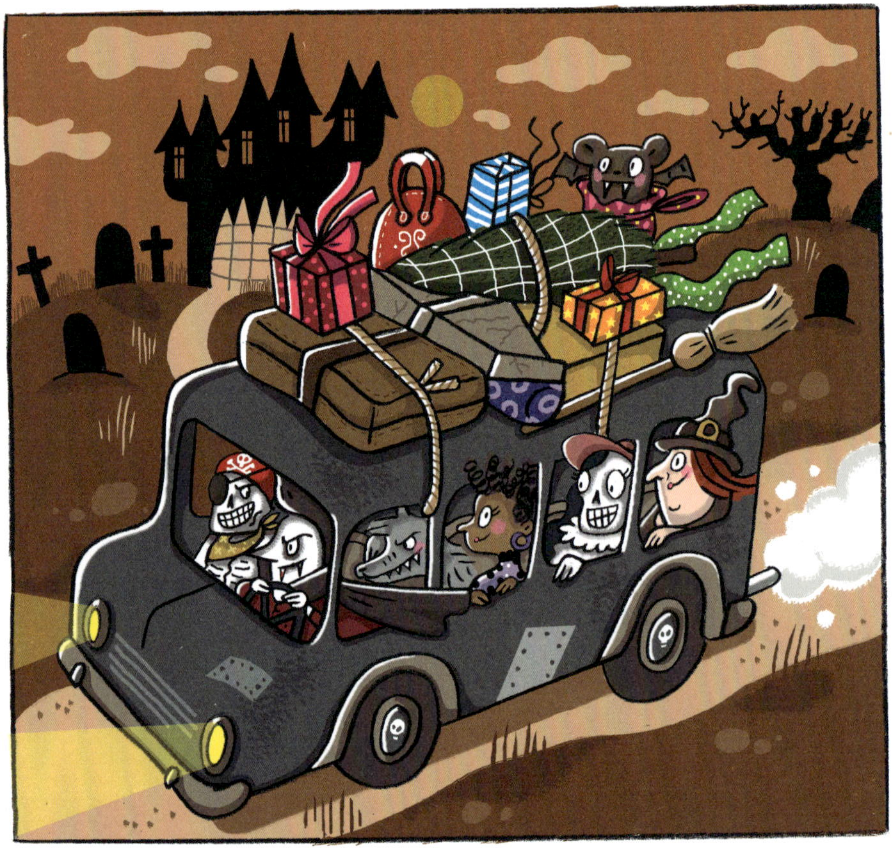

1 2 3 4

5 6 7 8

Lösungen

Seite 2
1: Helga; 2: Grusilla;
3: Vladimir; 4: Harry;
5: Lilafee

Seite 3
Alles Gute zum dreihundertfünfzigsten Geburtstag!

Seite 4
Schattenbild 1 und 6 sehen gleich aus.

Seite 5

Seite 6

				P	O	N	Y	
	S	C	H	A	F			
			S	P	I	N	N	E
S	C	H	L	A	N	G	E	
		V	O	G	E	L		
S	C	H	N	E	C	K	E	
				I	G	E	L	

Seite 7

Seite 8

Seite 9
1. Grusilla muss noch 379 Teile putzen.
2. Für Grusilla bleiben noch 285 Teile, wenn Harry und Vladimir ihr helfen.

Seite 10
Es sind insgesamt 30 Seifenblasen.

Seite 11

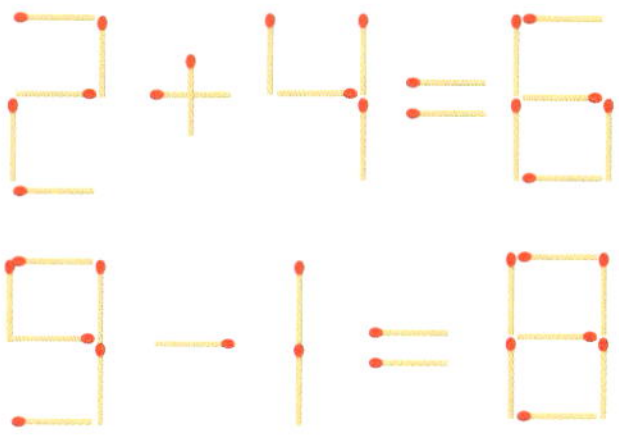

Seite 12

Seite 13

4	1	3	7	6	5	8	9	2
8	7	9	2	4	3	5	6	1
2	6	5	1	9	8	7	3	4
7	4	8	5	1	9	6	2	3
1	5	6	8	3	2	9	4	7
3	9	2	6	7	4	1	8	5
5	8	1	3	2	6	4	7	9
9	2	7	4	8	1	3	5	6
6	3	4	9	5	7	2	1	8

Seite 14
Weg 3 ist der richtige.

Seite 15
1. 110 – 74 – 113 – 68 – 116 – 62 – 119 – 56 (Rechenweg: +3, -6)
2. 513 – 526 – 539 – 552 – 565 – 578 – 591 – 604 (Rechenweg: +13)
3. 8 – 16 – 24 – 32 – 40 – 48 – 56 – 64 – 72 (Zahlen der 8er Reihe)

Seite 16
Sitzordnung von rechts nach links: Helga, Hermelinde, Rolf, Vladimir, Grusilla

Seite 17
Harry bekommt von Rolf EINEN SELBSTGESTRICKTEN PULLOVER.

Seite 18
sprechen, tanzen, fluchen, singen, pfeifen

Seite 19
Geburtstag, Eiern, versuchen, Haare, voll, Maus, Tassen

Seite 20
Es gibt 6 Kombinationsmöglichkeiten:

1. Glupschaugen-Törtchen und Grunzkäfer-Spießchen
2. Grunzkäfer-Spießchen und Schrumpelfeigen
3. Glupschaugen-Törtchen und Schrumpelfeigen
4. Krötenschleim-Pudding und Schrumpelfeigen
5. Krötenschleim-Pudding und Glupschaugen-Törtchen
6. Krötenschleim-Pudding und Grunzkäfer-Spießchen

1 Teller bleibt leer.

Seite 21
MONSTERDISCO

Seite 22
Die Ausschnitte 1, 4, 5 und 7 passen zum großen Bild.

Seite 23

W	E	H	F	K	S	T	U	H	L
L	T	C	R	B	I	P	Q	S	V
M	E	L	O	N	E	D	J	A	T
Z	P	I	S	M	B	R	Y	H	B
K	P	W	C	S	C	M	B	G	R
E	I	F	H	Z	N	W	E	J	I
A	C	N	J	P	I	N	S	E	L
T	H	B	M	K	S	A	E	D	L
J	Y	D	W	P	F	A	N	N	E
Z	P	L	G	I	X	C	V	B	M

Seite 24
Im Bild sind insgesamt 7 Hufeisen zu sehen.

Seite 25
Vielen Dank für die Einladung. Die Party war der Knaller!

Seite 26

2	1	9	7	3	5	8	4	6
8	7	4	6	2	9	5	3	1
6	3	5	1	4	8	7	9	2
7	2	8	5	1	4	3	6	9
1	5	3	8	9	6	4	2	7
9	4	6	3	7	2	1	8	5
5	8	1	9	6	3	2	7	4
4	6	7	2	8	1	9	5	3
3	9	2	4	5	7	6	1	8

Seite 27

1. 12:35, 12:50 (+15)
2. 12:15, 12:10 (+30, -5)
3. 12:25, 12:00 (-25)
4. 12:35, 13:10 (-20, +45)

Seite 28
A) 360; B) 385; C) 364
Der richtige Aufräumzauber lautet: Pi, Pa, Putzefix, alles Schmutz ist weg wie nix!

Seite 29
Bild 7 ist die passende Tellerhälfte.

Seite 30
Harry darf die Treppenstufen mit folgenden Zahlen betreten:
84, 112, 72, 126, 133

Seite 31

Seite 32

1. HEXE
2. HÄSSLICH
3. KLUG
4. DRACHE
5. GESPENST
6. MITTERNACHT
7. SKELETT

Lösungswort:
DRACHENATEM-SUPPE

Seite 33

Schattenbild 1 und 7 sehen genau gleich aus.

Seite 34

Seite 35

1. Es sind insgesamt 36 Gummibärchen.
2. Jeder bekommt jeweils 12 Gummibärchen.

Seite 36

1B, 2A, 3C

Seite 37

2	1	9	7	3	5	8	4	6
8	7	4	6	2	9	5	3	1
6	3	5	1	4	8	7	9	2
7	2	8	5	1	4	3	6	9
1	5	3	8	9	6	4	2	7
9	4	6	3	7	2	1	8	5
5	8	1	9	6	3	2	7	4
4	6	7	2	8	1	9	5	3
3	9	2	4	5	7	6	1	8

Seite 38

Auf diesem Weg kann sich der Käfer befreien: 64-108-72-56-112-48-117-96

Seite 39

1. 11544 : 888 = 13. Grusilla braucht 13 Stunden, um alle Spinnennetze zu entfernen.
2. 1 Stunde = 60 Minuten. 13 x 60 = 780 Minuten
3. 11544 : 74 = 156. 156 x 12 = 1872

72 Spinnen brauchen 1872 Stunden, um 11.544 Spinnennetze zu spinnen.

Seite 40

Kucki, 801, mit Tieren sprechen
Winki, 777, kann sich unsichtbar machen
Nupsi, 911, Meister im Kopfrechnen
Pucki, 878, auf einem Bein hüpfen

Seite 41

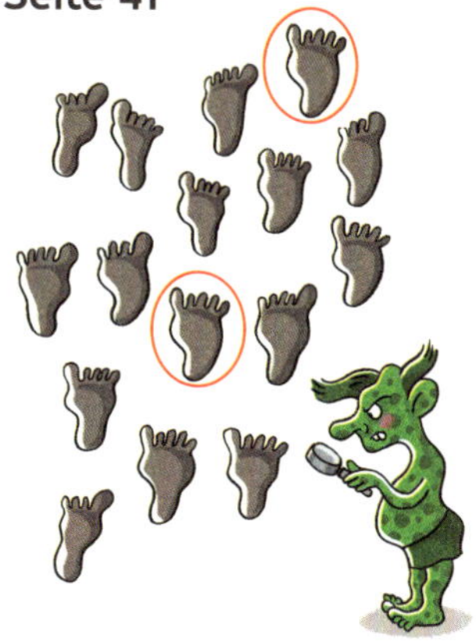

Seite 42

418
221 | 197
127 | 94 | 103
71 | 56 | 38 | 65
32 | 39 | 17 | 21 | 44
7 | 25 | 14 | 3 | 18 | 26

Seite 43

Ich kann nicht schlafen, weil Grusilla nachts immer schnarcht.

Seite 44

Es sind insgesamt 6 Blitze zu sehen.

Seite 45

4 − 4 = 0

2 + 3 = 5

Seite 46

Helgas Zauberbuch ist im Kühlschrank.

Seite 47

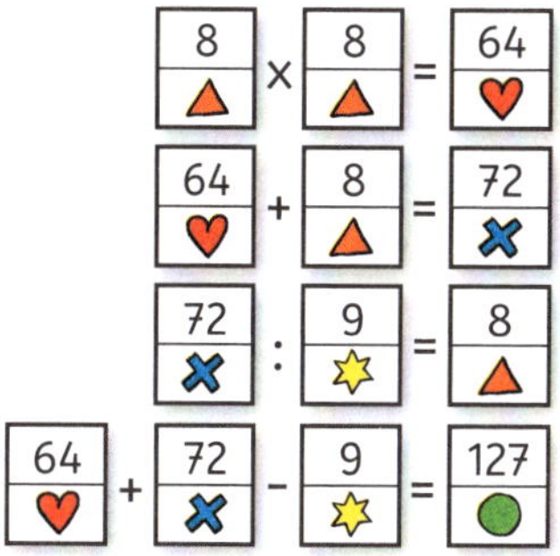

Lilafee hat sich in der Waschmaschine versteckt.

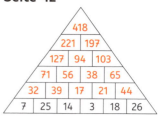

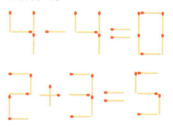

Seite 48

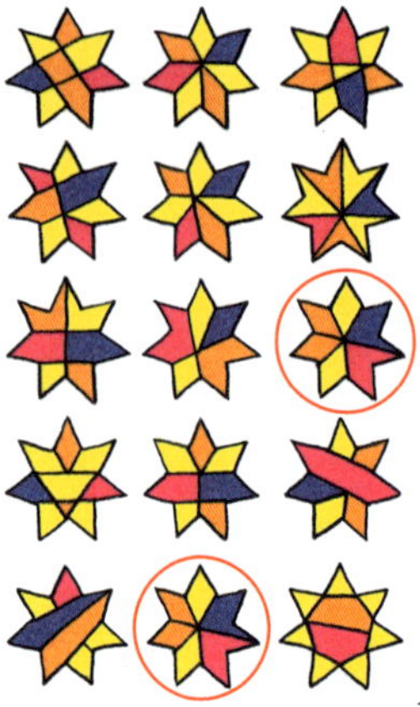

Seite 49

W	E	R	T	Z	U	P	I	O	V	C
E	R	V	Y	K	M	T	Z	B	A	U
P	A	P	R	I	K	A	V	W	P	J
U	D	B	N	W	H	O	Y	E	F	H
X	I	S	K	I	R	S	C	H	E	G
A	E	W	H	Z	C	P	W	S	L	X
F	S	Y	T	O	M	A	T	E	F	G
Z	C	J	M	X	N	R	B	A	Y	U
F	H	O	F	T	V	G	U	J	O	R
G	E	R	D	B	E	E	R	E	W	K
S	N	U	X	E	B	L	Z	I	V	E

Die Lebensmittel Gurke, Kiwi, Spargel sind nicht rot.

Seite 50

Schattenbild 1 ist das richtige.

Seite 51

2	8	1	4	9	6	5	7	3
5	4	7	3	2	1	6	9	8
3	9	6	8	7	5	4	1	2
4	2	5	6	8	7	9	3	1
8	6	9	5	1	3	7	2	4
1	7	3	9	4	2	8	5	6
6	5	8	1	3	9	2	4	7
7	3	4	2	5	8	1	6	9
9	1	2	7	6	4	3	8	5

Seite 52

A: 78 + 15 + 23 + 36 + 19
= 171

B: 21 + 39 + 54 + 17 + 62
= 193

C: 9 + 33 + 18 + 46 + 57
= 163

Werwolf Rolf kommt am schnellsten nach Hause, wenn er Weg C nimmt.

Seite 53

Vladimir: 24
Grusilla: 19
Harry Holzbein: 20
Werwolf Rolf: 21

Grusilla erwürfelt insgesamt am wenigsten Punkte und muss daher Holz hacken.

Seite 54

1. 17 x 7 = 126
   Grusilla muss für eine Woche 126 Holzscheite hacken.
2. 126 x 24 = 3024
   Grusilla muss 3024 Holzscheite hacken, damit es für den ganzen Winter reicht.

Seite 55

Hexe Helgas Daumen-schrumpf-Trank wird dir helfen.

Seite 56

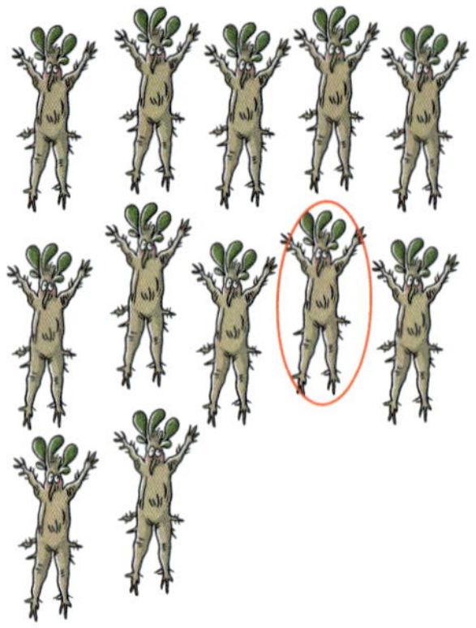

Seite 57

4	3	7	5	2	6	9	8	1
9	2	1	8	4	3	6	5	7
6	8	5	1	7	9	2	4	3
7	6	8	4	5	2	1	3	9
3	1	4	9	6	8	5	7	2
2	5	9	7	3	1	8	6	4
8	9	6	3	1	4	7	2	5
1	7	3	2	8	5	4	9	6
5	4	2	6	9	7	3	1	8

Seite 58

	Schal	Bild	Taschen-lampe	Grusilla	Harry	Rolf
Helga			X			X
Vladimir		X		X		
Hermelinde	X				X	

Seite 59

1. Riese, 2. springen,
3. Maus, 4. Freitag,
5. Wachs, 6. Idee,
7. billig, 8. Bank

Lösungswort:
Graf Dracula

Seite 60

Die Ausschnitte 1, 3, 5 und 8 passen zum großen Bild.